Marie-Hélène Rousic-Gu[illegible]enou



# Le[illegible]es à l'h[illegible] d'olive

Sauf mention contraire les photographies sont de l'auteur

Éditions Jean-Paul Gisserot
www.editions-gisserot.eu

# AÏOLI

Pour **4 personnes**
Préparation : **20 min**
**+ 1 nuit de dessalage**
Cuisson : **35 min**

## Ingrédients :

- 800 g de morue salée
- 500 g de carottes
- 500 g de pommes de terre
- 200 g de haricots verts
- 1 boîte de pois chiches
- ½ chou-fleur
- 4 œufs + 1 jaune
- 20 cl d'huile d'olive
- 5 gousses d'ail
- 1 cuillère à soupe de jus de citron
- Sel, poivre

## La veille

1. Faire dessaler la morue dans un saladier rempli d'eau froide. Changer l'eau 3 fois.

## Le jour même

2. Éplucher les pommes de terre, les carottes et les gousses d'ail, équeuter les haricots verts et séparer les bouquets du chou-fleur.
3. Préparer l'aïoli : piler l'ail avec le jus de citron jusqu'à l'obtention d'une purée. Ajouter le jaune d'œuf et mélanger. Incorporer l'huile petit à petit en remuant sans cesse. Saler, poivrer et réserver au frais.
4. Cuire les œufs 10 min à l'eau frémissante puis les écaler.
5. Cuire les légumes à la vapeur 15 min environ. Réserver au chaud.
6. Pocher la morue 10 min dans l'eau frémissante. Réchauffer les pois chiches à la casserole.
7. Égoutter la morue, la découper en morceaux et les disposer dans le plat de service. Disposer les œufs et les légumes autour et servir avec l'aïoli.

# ANCHOIS MARINÉS

Pour **4 personnes**
Préparation : **30 min**
Cuisson : **3 min**
Marinade : **24 h**

## Ingrédients :

- 500 g d'anchois frais
- 1 beau citron
- 12 cl d'huile d'olive
- Piment d'Espelette en poudre
- Sel, poivre

1. Couper la tête des anchois, les vider et les rincer.
2. Couper les anchois en deux et ôter l'arête centrale (votre poissonnier peut vous les préparer).
3. Préchauffer le four à 240°.
4. Placer les anchois dans un plat à four. Saler, poivrer et arroser d'huile d'olive.
5. Glisser le plat dans le four chaud 2 min.
6. Disposer les filets d'anchois dans une terrine.
7. Préparer la marinade : mélanger le jus de citron, le piment d'Espelette, l'huile d'olive et diluer avec 5 cl d'eau chaude afin de couvrir les anchois.
8. Fermer la terrine et la placer au frais pendant 24 h.
9. Déguster avec du pain de campagne.

### *À NOTER*

*Cette recette peut également être réalisée avec des sardines.*

# BAGNA CAUDA

Pour **4 personnes**
Préparation : **20 min**
Cuisson : **20 min**

## Ingrédients :

- 2 carottes
- 2 bulbes de fenouil
- ¼ de chou-fleur
- 1 botte de radis
- 150 g de champignons
- 2 pommes de terre cuites à l'eau
- 2 betteraves cuites
- 25 cl d'huile d'olive
- 4 gousses d'ail
- 70 g d'anchois à l'huile

1. Nettoyer les légumes.
2. Détacher le chou en fleurettes, couper les pommes de terre et les betteraves en morceaux. Couper les carottes pelées en bâtonnets, le fenouil en 4 et le poivron en lanières.
3. Disposer les légumes sur un plat en laissant la place d'un bol au centre.
4. Verser l'huile dans une casserole et la réchauffer doucement. Hacher l'ail et les anchois et les ajouter à l'huile. Mélanger jusqu'à ce que les anchois "fondent" et maintenir à feu très doux jusqu'au moment de servir.
5. Transvaser la préparation dans un bol (un bol pour fondue au chocolat est idéal pour maintenir la sauce chaude) et présenter le plat aux convives.
6. Chaque convive pique un légume et le trempe dans la sauce.

### *À NOTER*

*Tous les légumes peuvent être utilisés selon vos envies (tomates, courgettes, céleri, cardes...)*
*C'est une recette originale pour un plateau télé ou un apéritif dînatoire.*

# BISCUITS À L'ANIS

Pour **6 personnes**
Préparation : **20 min**
Repos : **1 h**
Cuisson : **20 min**

## Ingrédients :

- 120 g de farine
- 40 g de parmesan râpé
- 5 g de graines d'anis
- 3 cl d'huile d'olive
- Sel, poivre

1. Dans un saladier, mélanger 100 g de farine, le parmesan et les graines d'anis. Saler et poivrer.
2. Ajouter l'huile d'olive et 5 à 6 cuillères à soupe d'eau puis pétrir pour obtenir une boule de pâte.
3. Placer la pâte au frais pendant 1 h.
4. Préchauffer le four à 180°.
5. Fariner votre plan de travail et étaler la pâte sur 2 mm environ.
6. Recouvrir une plaque de papier sulfurisé.
7. Découper de petits triangles de pâte et les poser sur le papier.
8. Enfourner pour 15 à 20 min environ. Les biscuits sont cuits lorsqu'ils sont dorés.
9. Laisser refroidir sur une grille.

### *À NOTER*

*Si le goût de l'anis vous déplaît, vous pouvez parfumer ces biscuits aux herbes de Provence.*

# BRANDADE DE MORUE

Pour **5 personnes**
Préparation : **30 min**
**+ 24 h de dessalage**
Cuisson : **35 min**

## Ingrédients :

- 1 kg de morue salée
- 50 cl de lait
- 800 g de pommes de terre
- 1 branche de thym
- 1 feuille de laurier
- 1 gousse d'ail
- 15 cl d'huile d'olive
- Sel, poivre
- Chapelure

### La veille

1. Faire dessaler la morue dans un saladier rempli d'eau froide. Changer l'eau 3 fois.

### Le jour même

2. Dans une grande casserole, chauffer 20 cl de lait additionnés d'eau. Ajouter le thym et le laurier. Y pocher les filets de morue 10 min.
3. Cuire les pommes de terre à l'eau salée 20 min environ.
4. Égoutter les filets, ôter les arêtes et effilocher la chair dans un grand saladier.
5. Éplucher et hacher l'ail, l'ajouter au poisson.
6. Préchauffer le four à 200°.
7. Chauffer 30 cl de lait. Mélanger le lait au poisson petit à petit, en alternance avec l'huile d'olive.
8. Éplucher les pommes de terre, les écraser à la fourchette (ou au presse-purée) et les incorporer à la morue.
   Poivrer et saler si besoin (la morue est encore un peu salée).
9. Quand le mélange est bien homogène, verser la préparation dans un plat à gratin légèrement huilé.
10. Saupoudrer de chapelure, arroser d'un filet d'huile et enfourner 20 min.
11. Servir chaud avec une salade verte.

# BRUSCHETTA

Pour **4 personnes**
Préparation : **15 min**
Cuisson : **5 min**

## Ingrédients :

- 1 pain de campagne
- 1 gousse d'ail
- 4 cuillères à soupe d'huile d'olive
- 2 tomates
- Quelques feuilles de basilic
- Sel, poivre

1. Couper 4 belles tranches de pain un peu épaisses.
2. Préchauffer le four en position grill.
3. Porter une casserole d'eau à ébullition.
4. Y plonger les tomates quelques secondes et les égoutter.
5. Peler les tomates, les couper en deux, ôter les pépins et tailler en dés. Réserver dans un bol.
6. Ciseler les feuilles de basilic, les mélanger aux tomates et arroser d'un filet d'huile.
7. Faire griller les tranches de pain quelques minutes au four. Alors qu'elles sont encore chaudes, les frotter avec l'ail et les badigeonner d'huile d'olive.
8. Répartir le mélange de tomates sur les tranches de pain, saler, poivrer et servir.

### *À NOTER*

*Cette recette vous permettra d'utiliser du pain un peu rassis. Vous pouvez agrémenter vos bruschettas d'anchois, de mozzarella, de ricotta, de câpres...*

# CAKE AUX OLIVES
## et aux lardons

Pour **8 personnes**
Préparation : **20 min**
Cuisson : **45 min**

### Ingrédients :

- 3 œufs
- 180 g de farine
- 5 g de levure alsacienne
- 8 cl d'huile d'olive
- 12 cl de lait
- 100 g d'olives vertes dénoyautées
- 100 g d'emmental
- 150 g de lardons fumés
- Sel, poivre

1. Préchauffer le four à 180°.
2. Plonger les lardons dans une casserole d'eau chaude pendant 1 min environ puis les égoutter.
3. Dans un saladier, casser les œufs, les fouetter et ajouter la farine et la levure tamisées.
4. Incorporer progressivement l'huile et le lait. Bien mélanger pour obtenir une préparation homogène.
5. Ajouter l'emmental râpé, les olives coupées en morceaux puis les lardons. Saler légèrement, poivrer et mélanger à nouveau.
6. Huiler légèrement un moule à cake et y verser la pâte.
7. Cuire 45 min environ.

# CAROTTES À L'ORIENTALE

Pour **6 personnes**
Préparation : **10 min**
Cuisson : **15 min**

## Ingrédients :

- 500 g de carottes
- 1 gousse d'ail hachée
- 1 cuillère à café de cumin
- 1 cuillère à soupe de vinaigre de vin
- 4 cuillères à soupe d'huile d'olive
- 80 g de raisins secs
- Sel

1. Éplucher les carottes et les couper en rondelles.
2. Les placer dans une casserole avec de l'eau salée. Porter à ébullition et cuire 15 min environ (les carottes doivent rester fermes).
3. Dans un grand bol, verser l'huile, le vinaigre, les raisins, les épices et mélanger à la fourchette.
4. Ajouter les carottes et remuer le tout afin de bien les imprégner.
5. Couvrir d'un film alimentaire et placer le bol au frais jusqu'au moment de servir.

# CARPACCIO DU BOUCHER

Pour **4 personnes**
Préparation : **10 min**
Repos : **2 h**

## Ingrédients :

- 400 g de filet de bœuf ou de veau
- 12 cuillères à soupe d'huile d'olive au basilic (voir recette page 30)
- 3 cuillères à soupe de jus de citron
- Copeaux de parmesan
- Piment d'Espelette (ou épices de votre choix)
- Sel, poivre
- Film alimentaire

1. Placer la viande au congélateur 1 h environ afin de la raffermir.
2. Couper la viande en tranches très fines et les répartir sur 4 assiettes.
3. Émulsionner l'huile d'olive, le jus de citron et le sel.
4. Répartir la sauce sur les assiettes.
5. Couvrir chaque assiette de film alimentaire et les placer au réfrigérateur.
6. Au moment de servir, assaisonner à votre goût et décorer de copeaux de parmesan.
7. Servir avec des frites et une salade de roquette.

### *À NOTER*

*Si vous servez le carpaccio en entrée, diminuez la quantité de viande et servez avec des gressins (longs biscuits italiens).*

# CARPACCIO
## de coquilles Saint-Jacques

Pour **4 personnes**
Préparation : **10 min**
Marinade : **30 min**

### Ingrédients :

- 250 g de noix de Saint-Jacques fraîches
- 4 cuillères à soupe d'huile d'olive
- 2 cuillères à soupe de jus de citron vert
- Sel, poivre
- Film alimentaire

1. Rincer les noix de Saint-Jacques et les poser sur du papier absorbant.
2. Escaloper les noix de Saint-Jacques le plus finement possible puis les disposer dans un grand plat.
3. Dans un bol, émulsionner l'huile d'olive et le jus de citron.
4. Verser la préparation sur les noix de Saint-Jacques, couvrir de film alimentaire et placer au frais.

*À NOTER*

*Personnaliser cette recette en ajoutant des épices ou herbes de votre choix.*

# CAVIAR D'AUBERGINE

Pour **4 personnes**
Préparation : **15 min**
Cuisson : **30 min**
Repos : **2 h** au frais

## Ingrédients :

- 1 aubergine
- 1 cuillère à café de jus de citron
- 2 cuillères à café d'huile d'olive
- Ail semoule
- Sel, poivre

1. Préchauffer le four à 200°.
2. Laver et essuyer l'aubergine. L'envelopper de papier aluminium et la placer dans le four chaud 30 min. Laisser refroidir quelques minutes puis ouvrir le papier.
3. Couper l'aubergine en 2. À l'aide d'une cuillère, ôter la pulpe de l'aubergine et la placer dans le mixer.
4. Ajouter le jus de citron, l'huile d'olive, le sel, le poivre et l'ail selon votre goût.
5. Bien mixer pour obtenir une purée fine. Placer au réfrigérateur au moins 2 h.
6. Servir sur des toasts.

### *À NOTER*

*Cuire l'aubergine à l'avance en même temps qu'un autre plat. Il serait ridicule d'allumer votre four pour ne cuire qu'une aubergine !*

# CHIPS DE LÉGUMES

Préparation : **15 min**
Cuisson : **30 min**

## Ingrédients :

- Pommes de terre
- Betteraves crues
- Carottes
- Panais
- Aubergines
- Huile d'olive
- Sel
- Papier sulfurisé

1. Préchauffer le four à 150°.
2. Couper les légumes en tranches très fines, à la mandoline ou au robot.
   Pour les carottes et les panais, tailler les tranches en biais afin qu'elles soient plus larges (ces légumes réduisent beaucoup à la cuisson).
3. Étaler le papier sulfurisé sur la (les) plaque(s) du four et répartir les chips de légumes sans les faire se chevaucher.
4. Badigeonner les chips d'huile d'olive, saler et enfourner pour 30 min.

# FOCACCIA

Pour **1 focaccia**
Préparation : **15 min**
Repos de la pâte : **1 h**
Cuisson : **20 min**

## Ingrédients :

- 250 g de farine
- 5 g de levure de boulanger
- 15 cl d'eau
- 3 cuillères à café de thym
- 5 cuillères à soupe d'huile d'olive
- Sel

1. Diluer la levure dans 15 cl d'eau tiède.
2. Mettre la farine et le sel dans un saladier (ou dans le bol du mixer) et y creuser un puits. Verser la levure et pétrir légèrement. Ajouter 3 cuillères à soupe d'huile d'olive et pétrir de nouveau jusqu'à l'obtention d'une pâte lisse.
3. Couvrir le saladier avec un torchon et laisser lever la pâte pendant 1 h.
4. Préchauffer le four à 200°.
5. Ajouter le thym et 1 cuillère à soupe d'huile d'olive à la pâte et pétrir avec les mains.
6. Huiler une plaque et étaler la pâte sur une épaisseur de 2 cm environ.
7. Au pinceau, badigeonner d'huile et donner quelques coups de couteau dans la pâte.
8. Enfourner pour 20 min.
9. Servir tiède.

### *À NOTER*

*Vous pouvez agrémenter la focaccia de petits morceaux d'olives, de tomates séchées, de jambon, de fromage…*

# HUILE PARFUMÉE
## au basilic

Préparation : **10 min**
Cuisson : **5 min**
Repos : **1 mois**

### Ingrédients :

- 1 l d'huile d'olive
- 1 bouquet de basilic frais

1. Détacher les feuilles de basilic.
2. Verser l'huile dans une casserole et la chauffer jusqu'à atteindre pratiquement l'ébullition. Retirer aussitôt du feu.
3. Plonger les feuilles de basilic dans la casserole et les laisser infuser jusqu'à complet refroidissement.
4. Verser l'huile avec les feuilles dans une bouteille et laisser reposer un mois à l'abri de la lumière.
5. Au bout d'un mois, filtrer et remettre en bouteille avec quelques feuilles de basilic.

# LAPIN AU FENOUIL

Pour **4 personnes**
Préparation : **10 min**
Cuisson : **1 h**

## Ingrédients :

- 1 lapin découpé
- 8 cl d'huile d'olive
- 10 g de beurre
- 2 oignons
- 3 ou 4 bulbes de fenouil
- 15 cl de vin rosé ou blanc
- Sel, poivre

1. Dans une cocotte, chauffer le beurre et 5 cl d'huile d'olive. Y faire revenir les morceaux de lapin 15 min environ en les retournant de temps en temps (la viande doit être dorée).
2. Ajouter le vin, saler, poivrer et cuire 45 min à feu modéré.
3. Pendant ce temps, éplucher les oignons et les émincer. Nettoyer les bulbes de fenouil et les couper en 2 (ou en 4 s'ils sont gros).
4. Chauffer le reste de l'huile dans une sauteuse et y faire revenir les légumes quelques minutes à feu vif. Saler et poivrer.
5. Baisser le feu, couvrir la sauteuse et cuire environ 20 min.

# PESTO

Préparation : **10 min**

## Ingrédients :

- 1 bouquet de basilic (20 g de feuilles)
- 30 g de pignons
- 50 cl d'huile d'olive
- 40 g de parmesan râpé
- 1 gousse d'ail

1. Rincer et sécher le basilic.
2. Peler la gousse d'ail et retirer le germe.
3. Dans un mortier (à défaut au mixer), placer l'ail, les pignons et les feuilles de basilic ciselées.
4. Écraser délicatement puis ajouter le parmesan. La préparation doit être homogène.
5. Verser l'huile d'olive petit à petit en mélangeant sans cesse.

*À NOTER*

*Cette sauce se conservera plusieurs jours au réfrigérateur.*

# PETITS FEUILLETÉS

Pour **50 feuilletés**
Préparation : **20 min**
Cuisson : **25 min**
Repos : **20 min** au frais

## Ingrédients :

- 30 g de pâte feuilletée (1 bloc½)
- 3 beaux oignons
- ½ poivron rouge
- 4 cuillères à soupe d'huile d'olive
- Thym
- 20 g de farine
- 80 g d'olives noires dénoyautées (120 g bruts environ)
- Sel, poivre
- Film étirable

1. Éplucher les oignons et le poivron (il sera plus digeste) et hacher le tout.
2. Dans une sauteuse, chauffer doucement l'huile d'olive. Y faire dorer légèrement les légumes quelques minutes.
3. Hacher les olives et les ajouter à la préparation. Saler, poivrer ajouter le thym, bien mélanger et réserver.
4. Fariner le plan de travail. Étaler la pâte au rouleau à pâtisserie sur 15 cm de large et 4 mm d'épaisseur environ.
   Répartir la préparation et enrouler la pâte pour former un boudin.
5. Envelopper dans du film étirable et placer au moins 20 min au frais.
6. Préchauffer le four à 190°.
7. Couper des tranches d'un centimètre et les disposer sur une plaque recouverte de papier sulfurisé.
   Enfourner pour 12 à 15 min.
8. Déguster tiède.

# PISSALADIÈRE

Pour **4 personnes**
Préparation : **20 min**
Cuisson : **20 min**

## Ingrédients :

- 500 g de pâte à pain ou à pizza
- 800 g d'oignons
- 6 cuillères à soupe d'huile d'olive
- 1 douzaine d'anchois à l'huile
- 50 g d'olives noires

1. Éplucher et couper les oignons en fines lamelles.
2. Dans une sauteuse, faire chauffer 4 cuillères à soupe d'huile d'olive et y faire revenir les oignons à feu doux pendant 15 min en les remuant de temps en temps.
3. Huiler la plaque du four et y étaler la pâte en la faisant remonter légèrement sur les bords.
4. Préchauffer le four à 220°.
5. Étaler les oignons sur la pâte et répartir harmonieusement les anchois et les olives.
6. Cuire 20 min.
7. À déguster froid de préférence.

# RATATOUILLE

Pour **6 personnes**
Préparation : **15 min**
Cuisson : **60 min**

## Ingrédients :

- 1 aubergine
- 1 poivron rouge
- 1 poivron vert
- 3 courgettes
- 6 tomates
- 2 oignons
- 2 gousses d'ail
- 15 cl d'huile d'olive
- Sel, poivre

1. Rincer les légumes.
2. Éplucher l'aubergine et la couper en dés.
3. Couper les poivrons en lanières après avoir ôté les graines.
4. Éplucher à moitié les courgettes et les couper en petits morceaux.
5. Éplucher les oignons et les émincer.
6. Dans une cocotte, faire revenir les oignons dans 10 cl d'huile d'olive.
   Lorsqu'ils sont transparents, ajouter l'aubergine, les courgettes et les poivrons. Saler, poivrer et verser le reste d'huile d'olive.
7. Couper les tomates en quartiers et les poser sur les légumes.
8. Cuire à couvert 50 min environ.

### À NOTER

*Ce plat se déguste aussi bien chaud que froid. Vous pouvez y ajouter quelques olives noires en fin de cuisson si vous le souhaitez.*

# RÔTI DE LOTTE

Pour **6 personnes**
Préparation : **40 min**
Cuisson : **40 min**

## Ingrédients :

- 1 queue de lotte de 1,3 kg environ
- 150 g d'olives noires dénoyautées
- 5 anchois à l'huile
- 16 à 20 tranches de poitrine fumée
- 7 cl d'huile d'olive
- Sel, poivre
- Ficelle de cuisine

1. Préparer la lotte en 2 filets (ou le demander à votre poissonnier). Les saler et les poivrer.
2. Mixer les anchois, les olives et 5 cl d'huile d'olive.
3. Préchauffer le four à 190°.
4. Sur le plan de travail, étaler au moins 12 tranches de poitrine fumée en les faisant se chevaucher. Disposer 4 tranches dessus dans l'autre sens.
5. Poser un des filets de lotte sur la poitrine fumée, étaler la préparation aux olives et recouvrir du second filet dans l'autre sens pour équilibrer le rôti.
6. Rabattre d'abord les 4 tranches sur les extrémités du rôti puis les autres (le poisson n'est plus visible). Ajouter quelques tranches de poitrine fumée par dessus si besoin.
7. Ficeler le rôti et le badigeonner d'huile à l'aide d'un pinceau.
8. Huiler un plat à four, y poser le rôti et enfourner pour 30 à 40 min.
9. Servir avec des pommes de terre à l'eau.

# SALADE DE POIVRONS

Pour **4 personnes**
Préparation : **10 min**
Cuisson : **30 min**

## Ingrédients :

- 3 poivrons rouges
- 3 cuillères à soupe d'huile d'olive
- Anchois
- Sel, poivre

1. Préchauffer le four à 200°.
2. Rincer les poivrons, les essuyer et les placer sur une plaque dans le four.
3. Cuire 30 min environ en retournant les poivrons 1 ou 2 fois.
4. Dès la sortie du four, placer les poivrons dans un récipient hermétique. Après 15 min de refroidissement, ils se pèleront très facilement.
5. Ôter les graines des poivrons, les découper en lanières et les disposer sur le plat de service.
6. Arroser d'huile d'olive, saler et poivrer.
7. Disposer les anchois et réserver au frais jusqu'au moment de servir.

HUILE D'OLIVE
DE TESA
OLIU DI A TESA

# SALADE GRECQUE

Pour **6 personnes**
Préparation : **10 min**

## Ingrédients :

- 6 tomates
- 1 concombre
- 150 g de feta
- 1 oignon
- 50 g d'olives noires
- 3 cuillères à soupe d'huile d'olive
- Sel, poivre

1. Couper les tomates en quartiers.
2. Peler et épépiner le concombre, le couper en tranches épaisses puis les recouper en 2.
3. Éplucher l'oignon et le détailler en tranches fines.
4. Dans un plat, disposer les légumes. Couper la feta en cube et la répartir sur les légumes.
5. Ajouter les olives.
6. Saler légèrement, poivrer et arroser d'huile d'olive.
7. Placer au frais jusqu'au moment de servir.

# SOUPE AU PISTOU

Pour **6 personnes**
Préparation : **30 min**
Cuisson : **1 h 15**

## Ingrédients :

- 200 g de haricots blancs
- 200 g de haricots rouges
- 2 carottes
- 2 courgettes
- 2 tomates
- 2 pommes de terre
- 200 g de haricots verts
- 5 gousses d'ail
- 1 bouquet de basilic
- 60 g de parmesan râpé
- 20 cl d'huile d'olive
- Sel, poivre

1. Éplucher les pommes de terre et les carottes puis les couper en dés.
2. Faire bouillir 2,5 l d'eau salée dans une cocotte. Y jeter les haricots blancs et rouges et cuire 20 min.
3. Ajouter les pommes de terre et les carottes dans la cocotte et laisser cuire 15 min.
4. Ébouillanter les tomates pour les éplucher facilement et les couper en dés.
5. Couper les courgettes en dés, sans les éplucher.
6. Ajouter les courgettes, les haricots verts et les dés de tomates dans la cocotte. Assaisonner et terminer la cuisson pendant 40 min environ à feu modéré.
7. Pendant ce temps, préparer le pistou : piler l'ail épluché et dégermé avec les feuilles de basilic, ajouter le parmesan, bien mélanger puis incorporer l'huile d'olive petit à petit.
8. Quand la soupe est cuite, y verser la moitié du pistou. Mélanger délicatement.
9. Servir la soupe et présenter le reste du pistou dans un bol.

### *À NOTER*

*Pour une soupe plus consistante, vous pouvez ajouter des pâtes en fin de cuisson.*

# TABOULÉ

Pour **4 personnes**
Préparation : **15 min**
Repos : **2 h** minimum

**Ingrédients :**

- 150 g de boulghour
- 2 tomates juteuses
- 1 tiers de concombre
- 1 oignon
- 1 citron
- Menthe fraîche
- Huile d'olive
- Sel, poivre

1. Verser le boulghour dans un saladier.
2. Chauffer 10 cl d'eau et les verser sur le boulghour.
3. Couper les tomates en petits dés.
4. Éplucher le concombre et l'oignon et les couper en dés.
5. Hacher les feuilles de menthe (en réserver pour la décoration).
6. Ajouter les légumes au boulghour, puis le jus de citron et 4 cuillères à soupe d'huile d'olive. Saler, poivrer et bien mélanger.
7. Laisser reposer au moins 2 h au réfrigérateur.
8. Au moment de servir, décorer avec les feuilles de menthe.

# TAPENADE

Préparation : **10 min**

## Ingrédients :

- 200 g d'olives noires dénoyautées
- 6 filets d'anchois à l'huile
- 30 g de câpres
- 1 gousse d'ail
- 3 cuillères à soupe d'huile d'olive
- Herbes de Provence
- Sel, poivre

1. Éplucher l'ail et le hacher.
2. Dans le bol du mixer, placer les olives, l'ail, les anchois, les herbes, les câpres ainsi que 2 cuillères à soupe d'huile d'olive et mixer une première fois
3. Ajouter le reste d'huile d'olive puis mixer à nouveau. Poivrer et goûter avant de saler à votre goût.
4. La préparation doit être onctueuse. Ajuster la quantité d'huile si besoin.

# TOMATES CONFITES

Pour **1 bocal**
Préparation : **15 min**
Cuisson : **4 h**
Repos : **1 mois**

## Ingrédients :

- 1 kg de tomates
- 1 gousse d'ail
- Herbes de Provence
- Huile d'olive

1. Préchauffer le four à 100°.
2. Laver et essuyer les tomates.
3. Les couper en quartiers, ôter les pépins puis disposer les tomates sur une plaque huilée ou sur du papier sulfurisé.
4. Arroser d'huile d'olive.
5. Enfourner la plaque pour au moins 4 h de cuisson.
6. Quand les tomates sont refroidies les placer dans un bocal avec la gousse d'ail et les herbes de Provence avant de couvrir d'huile d'olive.
7. Conserver au frais pendant 1 mois avant de déguster.

*À NOTER*

*Ces tomates agrémenteront une salade, un sandwich ou un cake salé.*

GALANTINO

# BROWNIE

Pour **6 personnes**
Préparation : **15 min**
Cuisson : **20 min**

## Ingrédients :

- 200 g de chocolat noir à pâtisser
- 3 œufs
- 3 cuillères à soupe de lait
- 80 g de sucre
- 80 g de noisettes ou de noix
- 50 g de farine
- 8 cl d'huile d'olive

1. Préchauffer le four à 180°.
2. Faire fondre le chocolat à feu très doux avec le lait.
3. Dans un saladier, fouetter les œufs et le sucre. Ajouter la farine et mélanger à nouveau.
4. Ajouter le chocolat fondu, l'huile et les fruits secs.
5. Huiler un moule et verser la préparation.
6. Cuire au four 20 min.
7. Laisser refroidir avant de servir.

# COOKIES AUX NOISETTES
## et au citron

Pour **6 personnes**
Préparation : **25 min**
Cuisson : **25 min**

**Ingrédients :**

- 150 g de farine
- 100 g de noisette décortiquées
- 10 cuillères à soupe d'huile d'olive
- 60 g de sucre
- 1 citron jaune non traité
- 6 cl de limoncello (alcool italien à base de citron)

1. Dans un saladier, mélanger la farine et le sucre.
2. Mixer les noisettes, pas trop finement, et les ajouter au mélange farine/sucre.
3. Prélever le zeste du citron, le couper en petits morceaux puis presser le citron.
4. Verser le jus de citron, le zeste, l'huile et le limoncello dans la préparation. Pétrir avec les mains jusqu'à l'obtention d'une boule de pâte.
5. Préchauffer le four à 180°. Recouvrir une plaque de papier sulfurisé.
6. Façonner des boules de pâte dans vos mains, les aplatir et les disposer sur la plaque.
7. Enfourner pour 20 à 25 min.
8. Laisser refroidir sur une grille.

# GÂTEAU AUX POMMES
## et aux noix

Pour **8 personnes**
Préparation : **30 min**
Cuisson : **50 min**

**Ingrédients :**

- 250 g de farine de blé
- 150 g de sucre
- ½ sachet de levure
- 4 œufs
- 80 g de cerneaux de noix
- 2 pommes
- 10 cl d'huile d'olive
- 10 cl de lait

1. Dans une jatte, mélanger le sucre et les jaunes d'œuf.
2. Ajouter l'huile d'olive et le lait. Bien mélanger.
3. Incorporer la farine, la levure et les noix grossièrement mixées.
4. Préchauffer le four à 180°.
5. Éplucher les pommes, les couper en dés et les ajouter à la pâte.
6. Battre les blancs d'œuf en neige et les incorporer délicatement.
7. Huiler légèrement un moule à manqué et y verser la préparation.
8. Cuire 50 min environ.
9. Démouler et laisser refroidir sur une grille.

# POMPE DE NOËL

Pour **8 personnes**
Préparation : **15 min**
Repos : **6 h**
Cuisson : **15 min**

## Ingrédients :

- 600 g de farine
- 1 pincée de sel
- 25 g de levure de boulanger
- 3 œufs
- 130 g de sucre en poudre
- 1 zeste d'orange
- 10 cl d'huile d'olive

1. Préparer le levain : dans un bol, délayer la levure de boulanger et le sel avec un peu d'eau tiède.
2. Verser 100 g de farine dans un saladier. Ajouter la levure et pétrir.
3. Couvrir le saladier avec un torchon et le placer pendant 2 h dans un endroit chaud (20° minimum).
4. Dans un saladier (ou le bol du mixer), verser 500 g de farine, l'huile, le sucre, le zeste d'orange haché et 2 œufs entiers. Mélanger et incorporer le levain.
5. Pétrir à la main (ou au robot à faible vitesse) en ajoutant un peu d'eau jusqu'à l'obtention d'une pâte homogène.
6. Recouvrir avec le torchon et laisser lever la pâte pendant 3 ou 4 h.
7. Pétrir légèrement la pâte et la séparer en 2.
8. Préchauffer le four à 200°.
9. Sur 2 plaques huilées, étaler la pâte à la main en lui donnant une forme ovale sur 2 cm d'épaisseur.
10. Tracer des fentes au couteau sur le dessus et dorer au jaune d'œuf.
11. Enfourner pour 15 min.
12. Sortir du four et laisser refroidir sur une grille.

*À NOTER*

*Ce dessert fait partie des 13 desserts traditionnellement servis le soir de Noël en Provence.*

# SALADE DE FRAISES

Pour **4 personnes**
Préparation : **10 min**

## Ingrédients :

- 250 g de fraises
- 2 cuillères à café de jus de citron
- 2 cuillères à café d'huile d'olive
- 2 cuillères à café de sucre de canne
- Quelques feuilles de menthe

1. Rincer rapidement les fraises et les sécher.
2. Couper les fraises en 2 et les disposer dans des coupelles.
3. Mélanger le jus de citron, l'huile d'olive et le sucre de canne.
4. Verser la préparation sur les fraises. Disposer les feuilles de menthe.
5. Placer au frais jusqu'au moment de servir.

## PRÉPARATIONS SALÉES



## PRÉPARATIONS SUCRÉES

IMPRIM'VERT®

PEFC 10-31-2065



Ce livre a été imprimé et broché par POLLINA, 85400 Luçon
n° 90048. Imprimé en France